AUGUSTE DORCHAIN

LE PUITS

DRAME LYRIQUE EN DEUX ACTES

FONDATION CRESSENT

ONZIÈME CONCOURS

PARIS

TYPOGRAPHIE MORRIS PÈRE ET FILS

64, RUE AMELOT, 64

1902

PERSONNAGES

MARKOS
STÉPHAN
CONSTANTIN
MITZA
SMARAGDA
DAPHNÉ
MYRTO
CHŒUR DE FAUCHEURS
CHŒUR DE SERVANTES ET DE FANEUSES

En Grèce, dans les premières années du XIXme siècle.

NOTICE

—

Un chant populaire de la Grèce moderne, traduit par M. le Baron d'Estournelles de Constant, peut servir d'argument à cette pièce. Le voici :

LA FEMME INFIDÈLE

Il y avait deux frères pleins de cœur et de tendresse ;
La tentation s'éleva pour les désunir :
Le plus jeune aima la femme du premier.
Et un jour de fête, un dimanche, par une éclatante journée,
La jeune femme sortit du bain et le jeune homme de son atelier.
Et ils se rencontrèrent ensemble au loin, tout seuls.
« *Ma fiancée* (1) *combien je t'aime et combien je te voudrais.....* »
« *Que dis-tu, mon beau-frère, ô pauvre maître?*
Si tu m'aimes je t'aimerai, et si tu me veux je te veux,
Tue ton frère pour m'épouser. »

(1) Littéralement, mon épousée, ma nouvelle mariée.

1.

« Hélas! quelle raison trouverai-je pour le tuer? »
« Dieu vous a donné des vignes et des champs,
Mettez-vous à partager vos champs et vos vignes,
Donne-lui ceux du haut et les plus épuisés
Et mets dans ton lot ceux qui sont bien situés et fertiles. »
Alors il monte son cheval noir et arrive dans le champ.
« Eh! Constantin, il est temps, il est temps que nous partagions,
Viens pour que nous divisions nos vignes et nos champs.
Prends ceux du haut et les plus épuisés,
Je mettrai dans mon lot ceux qui sont bien situés et fertiles. »
« Pourquoi, pourquoi, mon petit frère, prendrai-je ceux du haut?
Si tu le veux, partageons, mais partageons comme tout le monde. »
« Prends ceux du haut, Constantin; sinon, nous nous tuerons! »
« A ta volonté, mon petit frère, et que tout soit à toi!
Plutôt que de nous désunir, reçois aussi ce qui est à moi. »

Alors la tristesse l'a pris, il a vu son injustice;
Il se retire à l'écart et s'assied en pleurant...
Il monte son cheval noir et retourne au village.
Il a appelé sa fiancée, il appelle sa fiancée :

« Fiancée, holà, puise-moi de l'eau que je lave mon épée,
Toute souillée de sang, du sang de mon frère. »
Et celle-ci dans son empressement, dans sa grande joie,
Saisit vite la tasse qui était toute pleine de vin.
Et elle descend l'escalier pour lui verser de l'eau.

Oh! il la prend par les cheveux et il la déchire!...

Ce poème se trouve dans la belle étude dont M. le Baron d'Estournelles de Constant a fait précéder sa traduction de *Galatée*, le drame grec en cinq actes, en prose, de S. N. Basiliadis, l'une des plus nobles œuvres du nouveau théâtre hellénique (1).

Pour son drame, qui se passe à Chypre, aux temps fabuleux, Basiliadis a amalgamé, non sans grandeur, le conte de *la Femme infidèle* avec la légende de l'Expédition des Argonautes et celle du sculpteur Pygmalion amoureux de sa statue.

A cette *Galatée*, fort composite, comme on le voit, nous n'avons pu emprunter que quelques répliques, et notre livret — milieu, temps et action — est simplement issu du chant populaire.

A. D.

(1) Un volume de la *Bibliothèque orientale Elzévirienne*. — Paris. Ernest Leroux, éditeur, 1878.

LE PUITS

DRAME LYRIQUE EN DEUX ACTES

ACTE PREMIER

La cour d'un riche domaine rural, mi-ferme, mi-château. A droite, la maison. A gauche, une petite construction à un seul étage. Au fond, un mur au milieu duquel est une large porte à claire-voie, ouvrant sur une route au delà de laquelle on aperçoit la campagne. Vers le centre de la scène, un puits ombragé de saules. Au lever du rideau, des femmes—servantes et paysannes — sont groupées autour du puits. Entre le puits et la barrière ouverte, troupe de paysans, dont quelques-uns ont la faux sur l'épaule, prêts à partir.

SCÈNE PREMIÈRE

CHŒUR DES FEMMES (*Servantes et Faneuses*)
DAPHNÉ, MYRTO, *Servantes.*
CHŒUR DES PAYSANS
CONSTANTIN, *l'un d'eux;* SMARAGDA

CHOEUR DES HOMMES

C'est le clair matin de la fenaison ;
Emportons aux champs la faux aiguisée.

Déjà le soleil monte à l'horizon
Buvant la rosée :
C'est le clair matin de la fenaison!

CHŒUR DES FEMMES

Avant que midi dans les plaines
Brûle les herbes et les fronts,
Faucheurs, nous vous apporterons
De l'eau fraîche en nos cruches pleines.

SMARAGDA, *s'avançant.*

Avant qu'à vos jeunes épaules
Vous imposiez ce lourd fardeau,
Faneuses, gardez-vous de vous mirer dans l'eau
Du vieux puits qui dort sous les saules!

LES FEMMES

Pourquoi donc?

DAPHNÉ

On sait la légende : qui boira
L'eau du puits à la même cruche,
Un immuable amour à jamais les liera...

MYRTO

De l'amour, à vingt ans, craignons-nous quelque
[embûche?

SMARAGDA

Peut-être un maléfice en cette eau claire dort.

(Et comme les femmes, en riant, s'approchent du puits pour se pencher sur la margelle, elle les devance.)

Écartez-vous, que je regarde la première!

CHŒUR DES HOMMES

Toi, vieille? Ah! vraiment, c'est trop fort!

SMARAGDA

Pourquoi pas?

CHŒUR DES HOMMES

Ton galant depuis un siècle est mort!

DAPHNÉ

Laissez-la regarder; Smaragda, la sorcière,
Si vous la tourmentiez, vous jetterait un sort.
Et plus d'une fois, la chose est certaine,
Au miroir d'un puits ou d'une fontaine
Elle a lu l'avenir.

SMARAGDA, *se penchant sur la margelle du puits, et comme dans un rêve.*

Le seau descend... descend...
Descend... La corde grince... Il remonte — du sang!

LES CHŒURS

Du sang!

DAPHNÉ

Que dis-tu là? Cette affreuse parole
Nous fait trembler.

CONSTANTIN, *à Daphné*

Vous êtes folle!

(Aux femmes.)

Et l'on dirait, en vérité,
Que, pour si peu, votre gaîté
S'envole!

(Il se retourne et fait aux faucheurs le signe du départ.

CHOEUR GÉNÉRAL

C'est le clair matin de la fenaison!
Emportons / Emportez } aux champs la faux aiguisée.
Déjà le soleil monte à l'horizon
Buvant la rosée...
C'est le clair matin de la fenaison.

Constantin et les hommes sortent fermant derrière eux la barrière.)

SCÈNE II

DAPHNÉ, MYRTO, SMARAGDA
LES FEMMES

DAPHNÉ

Ah! malgré moi mon cœur se glace.

(A Smaragda.)

Nous qui ne raillons point, bonne vieille, dis-nous
Si de quelque malheur ce présage menace
Mitza, notre maîtresse ou Markos, son époux.

SMARAGDA, *mystérieuse.*

Peut-être lui, peut-être elle... un autre peut-être.

LES FEMMES

Un autre?...

SMARAGDA

Un disparu, s'il vient à reparaître :
Lorsque le disparu reparaîtra,
De ce puits c'est du sang qui sortira.

LES FEMMES

Mais à qui donc, avec un si sombre mystère,
Songe-t-elle?

DAPHNÉ

A Stéphan, sans doute, au jeune frère
Du maître; à ce Stéphan qui fut jadis chassé
Implacablement par son père
Qu'il avait, dit-on, offensé.

MYRTO

Sait-on pas quelle fut l'offense?

DAPHNÉ

Non! Mais cela survint, si j'en ai souvenance,
Très peu de temps après que Markos épousa
Et ramena chez nous l'Albanaise Mitza.

MYRTO

Mais que devint Stéphan?

DAPHNÉ

Vrai fils de l'Hellénie,
Il partit se faire soldat;
Et nul depuis ce temps ne sait s'il est en vie,
Ou bien s'il a péri frappé dans un combat.

Mais si pour le bon maître et la belle maîtresse
Son retour doit être fatal,
Que jamais, sous le toit natal,
Le disparu ne reparaisse!

LES FEMMES

Que jamais, sous le toit natal,
Le disparu ne reparaisse!

MYRTO

Mais les voici, le maître et la maîtresse.

(Sur la porte de la maison paraissent Markos et Mitza.)

SCÈNE III

LES MÊMES, MARKOS, MITZA

LES FEMMES, *à mi-voix.*

L'Albanaise! Ah! toujours dans ses yeux,
Semble luire une flamme glacée,
Et toujours une obscure pensée
Met une ombre à son front soucieux.

SMARAGDA

L'Albanaise! Ah! qu'il perd la raison,
Celui-là qui, d'une âme légère,
Fait asseoir une femme étrangère
Au foyer de la vieille maison!

LES FEMMES

Quel front pâle! On dirait, sous ses cheveux de soie,
Une fleur que jamais le soleil ne baisa.

MARKOS

Salut, enfants!

LES FEMMES

Salut! Le ciel verse sa joie
Sur le seigneur Markos et sur Mitza!

(Elles sortent à droite, derrière la maison.)

SCÈNE IV

MARKOS, MITZA

MARKOS

La joie, ô Mitza, chère femme,
Que leur vœu nous invite ensemble à partager,
La joie, elle envahit mon âme,
Comme envahit mon sein cet air pur et léger.
Voilà trois ans tu m'apparus, farouche et fière,
Par un matin splendide à celui-ci pareil,
Où tes cheveux, dans la lumière,
Se confondaient avec les rayons du soleil.
Et malgré mes tempes fanées,
Sans effroi de mes quarante ans,
Tu daignas me donner tes riantes années,
Pour une vie obscure unir nos destinées,
Rajeunir mon automne aux fleurs de ton printemps.

MITZA

Markos, j'étais esclave au milieu des esclaves,
Jouet d'un maître au caprice brutal;
Vous m'avez arrachée à ce destin fatal
En achetant ma vie, en rompant mes entraves.

Pour me pouvoir mener à votre père ici,
Alors vous m'avez épousée :
C'est moi, qui me souviens de ma chaîne brisée,
C'est moi seule, ô Markos, qui dois dire : Merci!

MARKOS

Mitza, ne parle pas ainsi!

MITZA

Pourquoi? Qu'ai-je dit qui vous blesse?

MARKOS

Rien... Mais, excuse ma faiblesse!
Dans ton accent j'ai cru sentir une froideur.
Et puis, c'est ton merci, chère âme, qui m'offense;
C'est à l'amour et non à la reconnaissance,
Que je veux devoir mon bonheur.
A cette angoisse, au moins, sens combien je t'adore,
Et pardonne si, quelquefois,
Je crains de deviner, au timbre de ta voix,
Quelque chose de toi qui se refuse encore!

MITZA

A mon époux que trouble un fol émoi,
Je ne refuse rien... qui soit encore à moi.

MARKOS

Merci, femme! Un regard, un sourire de toi,
Et mes soucis ne tardent point à disparaître!

MITZA

Rien ne manque-t-il plus, maître,
A votre bonheur?

MARKOS

Si, quelque chose encor, Mitza, manque à mon cœur:
La présence d'un frère,
De ce noble Stéphan, né vingt ans après moi,
Enfant trop tard venu que détestait son père,
Mais que j'aimais pour deux. Ah! pourquoi donc, [pourquoi
N'étais-je point ici pour prendre sa défense!
Ta jeunesse eût aimé sa fière adolescence
Si tu l'avais connu plus longtemps.

MITZA

Je l'aimais
Déjà.

MARKOS

Qui sait, hélas! s'il reviendra jamais?

MITZA, *à part.*

Hélas!

MARKOS

Mais aujourd'hui, vois-tu, j'ai trop de joie
Pour ne pas espérer qu'un jour il reviendra;
Et j'ai tant souhaité que Dieu me le renvoie
Que, sans doute, bientôt, il me le renverra.

MITZA

Dieu t'entende !

(*A part.*)

Imprudent! Peut-être il t'entendra.

ENSEMBLE

MARKOS

La joie, ô Mitza, chère femme,
Puisse avec nous ce frère un jour la partager!
La joie, elle envahit mon âme,
Comme envahit mon sein cet air pur et léger!

MITZA, *à part.*

La joie, ô Markos, ô mon maître!
Si ton frère jamais revient la partager,
Alors, elle emplira mon être,
Et ce cœur trop pesant redeviendra léger.

MARKOS

C'est l'heure; il faut que j'aille aux champs, ma bien-
[aimée,
Veiller sur le travail jusqu'au tomber du soir.
Aux vagabonds tiens la porte fermée :
Ils sont nombreux sur la route... au revoir!

(*A Daphné qui reparaît au fond, à droite.*)

Vous, envoyez les faneuses
Porter avant les chaleurs

Par le chemin des yeuses
Le repas des travailleurs.

(Sur un signe de Daphné, les femmes rentrent à droite.)

LES FEMMES

Donc, allons, allons, faneuses,
Porter avant les chaleurs
Par le chemin des yeuses
Le repas des travailleurs.

(Toutes sortent par le fond, quelques-unes après avoir chargé sur leurs épaules les cruches d'eau fraiche. — Mitza reste seule, près du puits, rêveuse.)

SCÈNE V

MITZA *seule, puis* STÉPHAN

MITZA

C'est, il y a trois ans, et juste à pareil jour,
Qu'auprès de ce vieux puits je connus son amour.
La légende dit vrai : d'une amour éternelle,
Douce ivresse ou mortel poison
Qui boit ensemble au puits, l'amour les ensorcelle.
Je m'étais accoudée ainsi sur la margelle...
Lors, Stéphan à pas lents sortit de la maison
Et s'approcha : « J'ai soif », me dit-il, « j'ai la fièvre! »
Je lui tendis la cruche; il me dit : « Bois d'abord. »
Je bus... Après, il mit sa lèvre
Au même endroit du bord.

UN HOMME, *la tête cachée par un manteau, et qui, pendant les vers précédents, a ouvert la barrière et s'est glissé jusqu'au puits.*

J'ai soif!

MITZA, *comme se réveillant, et sans oser tourner la tête.*

Qu'ai-je entendu?... La voix toute pareille!...
Est-ce en mon souvenir, ou bien dans mon oreille?...

(Se levant.)

Hallucination!... rêve insensé!... L'effroi
Glace mon sang...

L'HOMME

J'ai la fièvre!...

MITZA, *se retournant, avec un grand cri.*

Ah!...

STÉPHAN, *rejetant son manteau.*

C'est moi.

MITZA

Stéphan!

STÉPHAN

Mitza, soif de mon âme!
Fièvre de mes nuits sans sommeil!...
Je jure par l'éclat de ce matin vermeil,
Que je n'apportais point une pensée infâme!
Je voulais seulement, caché sous ces habits,
Respirer une heure où tu vis,
Fouler l'herbe où ton pied se pose,
Te voir de loin sans être reconnu,
Et puis m'en retourner par où j'étais venu,
En emportant au cœur comme un parfum de rose!
Mais tu parais — et c'est une invincible loi
Qui me force à suivre ta trace!
Et tu t'assieds — et c'est à cette place!
Et tu parles — et c'est de moi!

MITZA

Stéphan!

STÉPHAN

Oh! ne crains pas que j'aggrave ma faute;
J'ai lu dans ton cher cœur, tu lis dans mes regards...
C'est trop déjà! Pour garder l'âme haute
Il faut que je parte, et je pars!

MITZA

Partir? Oh! tu veux m'éprouver sans doute!
Sais-tu pas que je t'attendais?
Et quand crois-tu donc reprendre ta route?

STÉPHAN

Tout à l'heure... à l'instant...

MITZA, *avec une sombre énergie.*

Jamais!

STÉPHAN

Jamais? Que veux-tu dire?

MITZA

Écoute!
O Stéphan, souviens-toi du jour
Où, sentant se fondre nos âmes,
Près de ce puits nous échangeâmes
Notre unique baiser d'amour!...

Ce baiser que surprit ton père
Et qui déchaîna sa colère,
C'est lui qui nous a séparés ;
C'est lui qui nous donna la fièvre
Dont j'ai la brûlure à la lèvre,
Et dont tes yeux sont égarés...
Mais puisque tu m'aimes encore,
Reste, et nous serons, chaque aurore,
De cette soif qui nous dévore,
Divinement désaltérés !

STÉPHAN

Tentatrice, tais-toi, car ta parole achève
D'égarer ma raison !
Plus belle encor que dans mon rêve
Tu me verses au cœur l'affreux et doux poison.

MITZA

Je t'aime !

STÉPHAN, *avec désespoir.*

Oh ! n'es-tu point la femme de mon frère !

MITZA

Tu le savais, et tu m'aimas pourtant !
A ce destin d'amour rien ne peut nous soustraire.

STÉPHAN

Je peux m'y soustraire en partant.

MITZA

Il est trop tard.

STÉPHAN

Peut-être!

MITZA

Il est trop tard, te dis-je!

STÉPHAN

Mitza, j'ai peur! A tes appels de volupté,
Je sens, comme en un vertige,
Défaillir ma volonté...
Mais non, car je ne puis chasser l'horrible idée
Que Markos, que mon frère a dormi sur ton sein,
Qu'il t'a toute possédée...
Et j'irais, moi, voleur?... Non, plutôt assassin!
Je t'aime et tu me fais horreur.. Adieu!

MITZA

Demeure!

STÉPHAN, *reculant et avec plus d'énergie.*

Adieu!

MITZA, *le retenant par le bras.*

Mais... s'il mourait?

STÉPHAN

S'il mourait?...

MITZA

Eh ! qu'il meure!

STÉPHAN

Que dis-tu?

MITZA

Frappe-le.

STÉPHAN

L'assassiner?

MITZA

Non pas,
Mais tu peux d'un seul mot provoquer sa colère;
Une simple querelle aisément dégénère
En une rixe... où tu seras
Le plus fort, voilà tout. Et l'on dira : « Sans doute,
Un de ces vagabonds qui passent sur la route
Aura tué Markos au détour du chemin... »
On n'ira pas chercher d'autre mystère;
Et quelques jours après tu reviendras...

STÉPHAN

Caïn ..
Moi, je serais Caïn, meurtrier de son frère?

MITZA

Ton frère? Ah! crois-tu qu'il le soit
Si ce n'est par le vain hasard de ta naissance?
Crois-tu que, pendant ton absence,
Il se soit, même une heure, inquiété de toi?

STÉPHAN

Vraiment non?

MITZA

Non. Bien plus, il excita ton père :
Par ses conseils tu fus déshérité.

STÉPHAN

Se peut-il?

MITZA

Maintenant, c'est ta mort qu'il espère
Pour jouir de ton bien avec tranquillité.

STÉPHAN

L'infâme!

MITZA

Enfin, pour le haïr, songe qu'il m'aime
Ardemment, follement...

STÉPHAN

Assez!... Tu m'appartiens!

MITZA

Et que, si pour frapper ta main tremble quand même,
Je serai dans ses bras ce soir, au lieu des tiens.

STÉPHAN

Il mourra, j'en fais le serment suprême.

MITZA

On approche...

(*Lui montrant la petite construction de gauche.*)

Entre ici... Quand le moment viendra
De paraître, j'irai t'avertir.

STÉPHAN

Il mourra!

(*Mitza ferme la porte sur Stéphan et, tandis que quelques servantes paraissent au fond, se dirige, d'un pas comme indifférent, vers la maison. — La toile tombe.*)

ACTE II

(*Une salle dans la maison de Markos, au niveau de la cour du premier acte, qu'on aperçoit, avec le puits, quand s'ouvre la porte qui est au fond du décor, près d'une fenêtre. A gauche, en pan coupé, une autre fenêtre. A droite, un escalier à rampe de bois mène à la porte d'un étage supérieur. Nuit tombante.*)

SCÈNE PREMIÈRE

MARKOS, *assis à gauche près de la fenêtre.*

MITZA, *derrière lui.*

CHŒUR D'HOMMES *et de* FEMMES *dans la coulisse.*

LE CHŒUR, *passant sur la route.*

Parmi les hautes herbes
Voici que sont fauchés
Les coquelicots superbes
Et les doux bleuets cachés.
Mais chaque fleur qui tombe
Trouvera sur sa tombe,

Demain, dès l'aurore aux pâles rayons,
Les larmes irisées
Des fidèles rosées
Et le regret des papillons.

MARKOS

Douceur du soir! Un air plus frais circule;
Faneuses et faucheurs qui reviennent des champs,
Dans les parfums du crépuscule
Passent avec des chants.
Parfums et chansons tout m'enivre
D'une délicieuse et sereine langueur,
Et je me sens au cœur
La volupté de vivre!

MITZA, *à part.*

O Markos, hâte-toi d'en jouir aujourd'hui!
(On entend un coup frappé au loin derrière le théâtre.

MARKOS

Écoute!
(Nouveau coup.)
Ah! qui peut de la sorte
Frapper si tard à cette porte?
(On frappe un coup encore.)

MITZA, *à part.*

Trois fois... Notre signal. C'est lui.

MARKOS

Encore un vagabond, un mendiant, je gage,
Qui demande un asile ici jusqu'à demain.

MITZA

Oui, sans doute.
(*A part.*)
O sombre présage
Le fil de mon fuseau s'est cassé dans ma main.

SCÈNE II

LES MÊMES, SMARAGDA, *entrant par le fond.*

SMARAGDA, *à Markos.*

Un homme qu'un grand manteau couvre,
Et qui ne veut point s'en aller,
Attend à la barrière. Il voudrait vous parler
De la part de Stéphan, dit-il.

MARKOS, *joyeux.*

De mon frère? Ouvre,
Ouvre vite! ou plutôt, je vais...

MITZA

Non, reste ici.
Elle ira le chercher; mieux vaut l'attendre.

MARKOS

Ainsi,
L'homme aurait vu Stéphan!...

MITZA

Je me retire.
Mais allumons d'abord ces deux flambeaux de cire
Tu verras mieux les traits de cet homme, et s'il ment.

(Les flambeaux allumés, elle monte l'escalier qui mène à l'étage supérieur, et sort par la porte, qu'elle referme.)

SCÈNE III

MARKOS, SMARAGDA, STÉPHAN, *le bas du visage caché par son manteau, introduit par Smaragda, qui le regarde avec méfiance.*

SMARAGDA

Entrez.

(Stéphan, après s'être assuré que Smaragda a fermé la porte derrière elle en s'en allant, jette son manteau à terre.)

MARKOS, *dans un transport de surprise et de joie.*

Grand Dieu!... Toi même!!!

STÉPHAN, *immobile et glacé.*

Oui.

MARKOS, *allant à lui.*

Stéphan!

STÉPHAN, *l'œil sombre, l'arrêtant du geste.*

Un moment!

MARKOS, *avec stupéfaction.*

Quel accueil, quand pour ton refuge
Un frère ouvre tout grands ses bras!

STÉPHAN

Referme-les.

MARKOS

Je ne te comprends pas...

STÉPHAN

Que Dieu nous regarde et nous juge!

MARKOS

Il voit mon cœur...

STÉPHAN

Et tu verras le mien.

MARKOS

Le même sang y bat, tu t'en souviens, j'espère.

STÉPHAN

La malédiction d'un père
Entre nous deux a rompu tout lien.

MARKOS

Rappelle-toi!...

STÉPHAN

Je me rappelle
Mon enfance où déjà — souvenir de rancœur! —
Grâce à la faveur paternelle
Tu volais ma part de bonheur.

Je me rappelle aussi l'heure où, pour une offense
Dont je ne voulus pas implorer le pardon
Qui m'était refusé d'avance,
Je fus, comme un lépreux, chassé de la maison.
Depuis, tout ce que tu devines :
Misère, affronts, périls sous des cieux inconnus,
Et la faim, et la soif, et, parmi les épines,
Les cailloux des chemins déchirant mes pieds nus!
Pendant ce temps, ô mon bon frère,
Entre tes serviteurs, joyeux, riche, honoré,
Sans souci de l'absent battu du vent contraire,
Tu jouissais du bien dont tu l'avais frustré.
Même tu caressais l'espérance furtive
Qu'il ne reviendrait pas, qu'il était mort...

MARKOS, *l'adjurant.*

Tais-toi!

STÉPHAN

Tu ne m'attendais pas, j'arrive!
Ce que tu m'as pris, rends-le moi!

MARKOS

Ah! tais-toi! C'est un vent de folie
Qui, passant sur ton cœur, l'a fermé!
Se peut-il que ce cœur oublie
A quel point, toujours, je t'aimai!

STÉPHAN

Hypocrisie!

MARKOS

As-tu vraiment pu croire,
Et peux-tu croire encor,
Que pour un peu de terre ou d'or
Ton frère ait eu l'âme si noire?
Viens, et partageons ce trésor!
Parts égales! parts fraternelles!

STÉPHAN

Égales? Ce n'est point assez.
Tu mettrais dans mon lot tous les champs épuisés ;
Je veux les moissons les plus belles.

MARKOS

Tu les auras... tes vœux sont exaucés!

STÉPHAN

Oh! pas encor : je veux aussi les sommes
Que mon père entassa dans ses coffres.

MARKOS

Prends-les!

STÉPHAN

Enfin, je veux la maison où nous sommes!

MARKOS

Oh! pas cela, Stéphan! Si j'avais un palais,
Je te dirais : Il est à toi. Mais la demeure

Où le sang des aïeux jadis a pris son cours,
A l'aîné, tu le sais, doit revenir toujours.
Tu l'auras après moi, mais que d'abord j'y meure
Et jusque-là, puisque ce logis t'est si doux,
Viens y vivre avec moi, viens y vivre... avec nous!

STÉPHAN

Avec vous!

MARKOS

Prends tout l'héritage;
Que la seule maison me reste!

STÉPHAN

Non, vraiment!
Puisque nous la voulons tous deux également
C'est bien : que Dieu nous départage!

(Il tire son épée.)

MARKOS

Horreur!

STÉPHAN

Va donc chercher une arme...

MARKOS

Eh quoi,
Tu veux?...

STÉPHAN

Que par du sang tout ici se termine!

MARKOS

Moi, tourner le fer contre toi?
Jamais! Frappe au cœur, voici ma poitrine!

(Il s'avance, la poitrine découverte, au devant de Stéphan qui recule et laisse retomber le bras tenant l'épée. Voyant cette hésitation :)

Mais ta main tremble... Dans tes yeux
Déjà je vois pâlir la lueur de démence...
Entre l'amitié sainte et le crime odieux
Déjà ta volonté balance...

STÉPHAN, *bas, avec honte.*

Markos!

MARKOS, *dans un grand élan de joie.*

Stéphan! Stéphan! Prends aussi la maison!
Car j'aurai tout reçu de la part qui m'est due!
Si Dieu, te rendant ta raison
Me rend ton amitié perdue!

STÉPHAN, *suppliant, presque à genoux.*

Markos!

MARKOS

J'accepte la misère,
J'accepterais l'exil où ton cœur se brisa,
Tout, pourvu qu'il me reste, en quelque coin de terre,
Un toit de chaume et l'amour de Mitza!

STÉPHAN, *à ce mot, se relevant brusquement, d'une voix douloureuse et violente.*

Adieu!... Je suis toujours l'enfant maudit...

MARKOS

Délire

Affreux!... Oh! parle-moi!

STÉPHAN

Je n'ai plus rien à dire.

(En s'enfuyant vers la porte.)

Garde tout! laisse-moi!...

MARKOS

Je m'attache à tes pas.

STÉPHAN

Non! Non!...

(Ils sortent. Mitza, au bruit de ces dernières paroles, rouvre la porte d'en haut, au moment où ils viennent de disparaître, et descend l'escalier, frémissante.)

SCÈNE IV

MITZA, *seule, immobile au pied de la rampe, les yeux tournés vers la porte du fond.*

Quel est celui qui ne reviendra pas?
(*Elle va jusqu'à la porte.*)
Leurs voix étaient pleines de violence.
Sans doute ils sont aux mains déjà...
(*Elle rouvre la porte du fond et elle écoute.*)
Non... rien. J'ai peur!
Je n'entends plus, dans ce silence,
Que les battements de mon cœur.
Ah! Dieu! Si l'autre allait le tuer?... Impossible :
La colère et l'amour le rendent invincible,
Il n'aura pitié ni remord...
Ma tempe est glacée et ma main brûlante...
Que la minute est lente
Où se débat mon sort!
Stéphan! Ah! que je le revoie!
S'il meurt, je mourrai de sa mort;
S'il vit, comment ne pas mourir de joie?
Des pas... mais qui?...

(*Elle sort sur le seuil de la porte, la tête tendue, et, dans un éclat de rire.*)

Stéphan, lui!...

SCÈNE V

MITZA, STÉPHAN

MITZA

Mon bien-aimé, viens!
Oh! le premier jour de ma vie!
Oh! ma lumière et mon envie,
Je t'appartiens!
Parle! j'écoute...
Donc, nous voilà sauvés? Donc, il est mort!

STÉPHAN, *l'œil vague, d'un ton énigmatique.*

Sans doute.

MITZA, *légèrement.*

Pauvre Markos!

STÉPHAN

Oui, pauvre, en vérité,
Puisque de tous les biens les plus chers à son âme,
Tout ici-bas lui fut ôté,
Jusqu'à l'amour d'un frère et la foi d'une femme!

MITZA

Puisque cette mort le délivre,
Pourquoi donc en être attristé?
Songe à Mitza qui t'aime et qui veut longtemps vivre!

STÉPHAN

Longtemps vivre? Oh! ceci ne dépend plus de toi.

MITZA

Tu dis vrai, ce n'est plus qu'entre tes mains, mon roi.
Que ma vie à présent repose!

STÉPHAN

Oui, peut-être.

MITZA

Mais, conte-moi,
Que t'a-t-il dit? A-t-il soupçonné quelque chose?

STÉPHAN

Il m'a dit : qu'il t'aimait d'amour surnaturel,
Comme un amant et comme un frère;
Que, ce qu'il rêvait dans le ciel,
Il avait cru, par toi, le trouver sur la terre

MITZA

O candeur naïve!

STÉPHAN

Il m'a dit :
« Prends les blés, prends les bois, prends l'or, tout
[l'héritage!

Prends la maison !... Une chaumière me suffit,
Pourvu que Mitza la partage. »

MITZA

Et ce nom dans ton âme étouffa la pitié?...

STÉPHAN, *sinistre.*

Et ce nom dans mon âme étouffa la pitié.
Mais .. tant d'amour n'émeut-il pas la tienne?

MITZA

Il m'aimait trop, tu l'en as châtié.
D'où veux-tu donc que la pitié me vienne?

STÉPHAN

Ainsi, pas une larme, une seule?

MITZA

Non.

STÉPHAN

Mais,
Si j'étais mort, aurais-tu pu l'aimer?

MITZA

Jamais.

(Mouvement d'horreur de Stéphan.)

Donc, respire! Plus d'alarmes!
Plus de barrière entre nous!
Je veux, sous mes baisers fous,
Essuyer tes larmes.
Chasse les pensers funèbres!
Laisse le noir souvenir,
Comme ces ténèbres,
S'évanouir!
Car, vois, déchirant tous ses voiles,
Sur nos deux fronts, sur nos deux cœurs,
La nuit splendide a jeté mille étoiles,
Et la lumière et l'amour sont vainqueurs!
Regarde encor... O bienheureux présage!
Un blanc rayon de la reine des nuits
Sous les feuilles du saule a frayé son passage
Et vient argenter le vieux puits...

ENSEMBLE

MITZA

O Stéphan, souviens-toi du jour
Où, sentant se fondre nos âmes,
Près de ce puits nous échangeâmes
Notre premier baiser d'amour!...

STÉPHAN, *à part.*

O maudit, maudit soit le jour
Où, pour la perte de nos âmes,
Près de ce puits nous échangeâmes
Ce monstrueux baiser d'amour!...

(*Avec un calme terrible.*)

Vas-y chercher de l'eau pour laver une tache
Dont mon épée est rouge.

MITZA

Il sera temps demain.
Suffit-il pas, ce soir, que le fourreau la cache?

STÉPHAN

Mais c'est qu'aussi... j'ai du sang sur la main...
Va-t'en! va-t'en puiser de l'eau, te dis-je!

MITZA, *humble et tendre.*

J'y vais, mon bien-aimé... Je veux ce que tu veux,
Je t'aime!

(Elle sort et on la voit se diriger vers le puits.)

SCÈNE VI

STÉPHAN, *seul.*

Oh! la traîner par les cheveux!...
Sombre démence! affreux vertige!
Quoi, tandis que je sens chanceler mes genoux,
Elle va, calme, heureuse, étant persuadée
Que j'ai versé le sang de son époux!...

(Il suit de loin tous ses mouvements.

A la margelle elle s'est accoudée,
Comme pour se mirer... Démons, la voyez-vous?
Elle détache un brin de saule...
Contre une branche s'appuyant,
Avec grâce elle met la cruche sur l'épaule...
Et s'en revient en souriant!
Ah! s'il se peut encor que la pitié la touche,
Je puis encor l'absoudre, j'y suis prêt...
Mais quel que soit le mot qui sorte de sa bouche
Elle seule, elle va prononcer son arrêt.

SCÈNE VII

STÉPHAN, MITZA

MITZA

Stéphan, voici ton humble esclave.
Donne-moi ton épée à la tache de sang.
Et que ce soit moi qui la lave!

STÉPHAN, *à part, avec un long soupir désespéré.*

Ah! que j'aurais voulu demeurer innocent!

MITZA

Quoi, toujours affligé? Toujours tremblant et blême?
Pour t'épargner ces remords et ces pleurs,
Si j'avais su, j'aurais frappé moi-même!

STÉPHAN, *tirant son épée.*

C'en est trop, il est vivant, — meurs!

(Il la frappe; elle tombe à genoux.)

Horrible! Qu'ai-je fait?...

MITZA, *très douce.*

Pourquoi m'as-tu trompée
En me laissant croire que tu m'aimais?
Il eût suffi de dire : je te hais;
J'en serais morte; il n'était pas besoin d'épée!

STÉPHAN

Peut-être que je t'aime encore, et c'est affreux!

MITZA

Oh! fais que j'en sois sûre, et mon âme ravie
Pourra du moins partir sans regretter la vie
Qui nous fit, moi coupable et toi si malheureux.
Avant de la quitter... je n'ose...
— Oh! ne va pas me refuser! —
Te demander... mon frère... quelque chose...

STÉPHAN

Parle!

MITZA

Tu pris mon sang, donne-moi ton baiser!

STÉPHAN, *s'agenouillant auprès d'elle.*

Mitza!

(Il la baise au front.)

MITZA

Maintenant, que Markos revienne!
Je veux le voir... tu comprendras pourquoi...

STÉPHAN, *avec désespoir.*

Markos! Markos!

MITZA

Je veux qu'on se souvienne,
Sans trop d'horreur, de moi...

STÉPHAN, *se tordant les mains.*

Markos!

SCÈNE VIII

LES MÊMES, MARKOS

MARKOS, *arrêté sur le pas de la porte.*

Qui m'appelle?... Mon frère!
Ici, toi! Que veux-tu?...
(*Apercevant Mitza.*)
Rêve affreux!... Ma raison
Se perd... Non, je comprends! Horreur et trahison!

MITZA, *se traînant jusqu'à lui, et d'une voix qui va s'éteignant.*

Non, je ne fus pas adultère!
Je le jure et je vais mourir. Pourtant, pardon!
Je l'aimais... il me repoussa. J'ai pris l'épée
Alors, à sa ceinture, et je m'en suis frappée.
Stéphan n'a pas trahi son frère... O mon époux,
Je suis seule coupable... et je meurs... Aimez-vous!
(*Elle meurt.*)

STÉPHAN

Morte! ô douleur que rien n'égale.

MARKOS

Morte! L'amour est fort et la vie est fatale!

ENSEMBLE

SMARAGDA, *paraissant au fond et regardant vers le puits.*

Lorsque le disparu reparaîtra,
De ce puits c'est du sang qui sortira...

MARKOS *et* STÉPHAN, *agenouillés de chaque côté du cadavre.*

Mitza! Mitza! Mitza!...

(La toile tombe.)

7-02 2610. — Paris, Typ. Morris Père et Fils, rue Amelot, 64.

www.ingramcontent.com/pod-product-compliance
Ingram Content Group UK Ltd.
Pitfield, Milton Keynes, MK11 3LW, UK
UKHW020215200726
13856UKWH00004B/1408

9 782011 925879